Impressum
Verlag: BABADADA GmbH, Nedderfeld 112 , 22529 Hamburg
Geschäftsführer / Verlagsleitung: Harald Hof
Druck: Books on Demand GmbH, In de Tarpen 42, 22848 Norderstedt

Imprint
Publisher: BABADADA GmbH, Nedderfeld 112 , 22529 Hamburg, Germany
Managing Director / Publishing direction: Harald Hof
Print: Books on Demand GmbH, In de Tarpen 42, 22848 Norderstedt, Germany

škola

de School

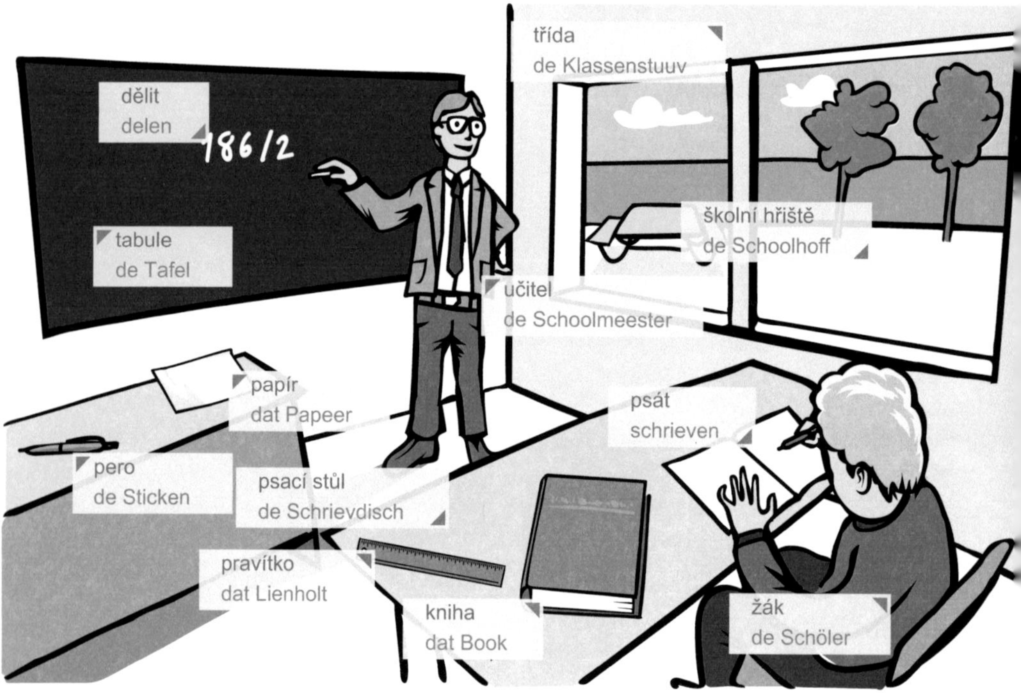
třída
de Klassenstuuv
dělit
delen
186/2
školní hřiště
de Schoolhoff
tabule
de Tafel
učitel
de Schoolmeester
papír
dat Papeer
psát
schrieven
pero
de Sticken
psací stůl
de Schrievdisch
pravítko
dat Lienholt
kniha
dat Book
žák
de Schöler

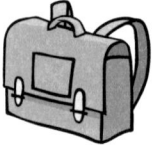

aktovka

de Ranzel

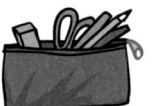

penál

de Feddermapp

tužka

de Bleesticken

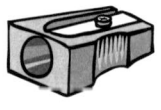

ořezávátko

de Scharpmaker

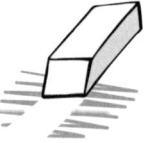

guma

dat Radeergummi

blok na kreslení

de Tekenblock

výkres

de Teken

štětec

de Pinsel

malířské potřeby

de Malkassen

nůžky

de Scheer

lepidlo

de Klever

cvičebnice

dat Heft to'n Öven

domácí úkol

de Huusopgaav

počet

de Tall

sčítat

tohooptellen

odčítat

aftrecken

násobit

malnehmen

počitat

reken

písmeno

de Bookstaav

abeceda

dat ABC

slovo

dat Woort

text

de Text

číst

lesen

křída

de Kried

hodina

de Stunn

třídní kniha

dat Klassenbook

zkouška

de Pröven

vysvědčení

dat Tüügnis

školní uniforma

de Schooluniform

vzdělání

de Utbillen

encyklopedie

dat Nakieksel

univerzita

de Universität

mikroskop

dat Mikroskop

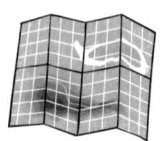

karta

de Koort

odpadkový koš na papír

de Papeerkorf

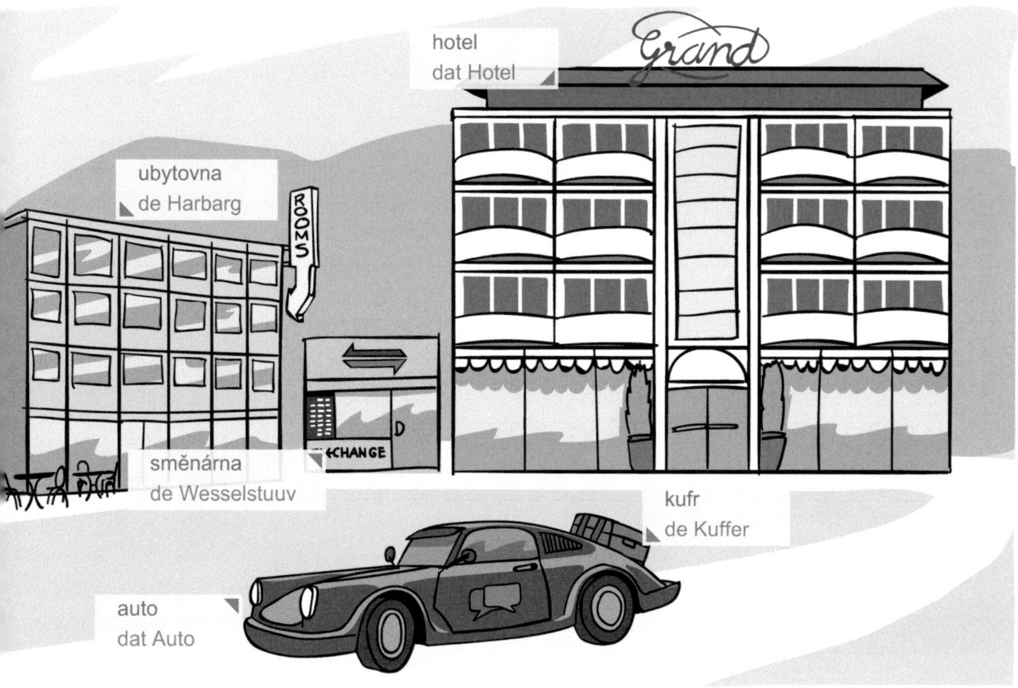

hotel
dat Hotel
Grand
ubytovna
de Harbarg
ROOMS
směnárna
de Wesselstuuv
EXCHANGE
kufr
de Kuffer
auto
dat Auto

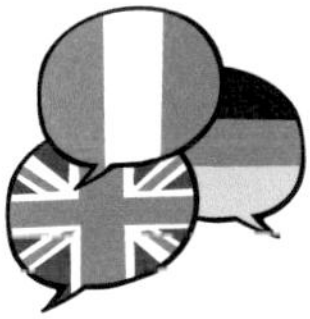

jazyk

de Spraak

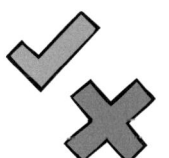

ano / ne

jo / ne

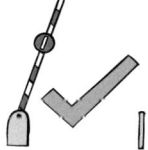

oukej

Jo

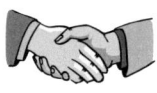

Ahoj!

Moin

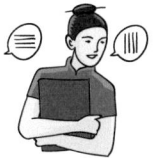

překladatel

de Översetter

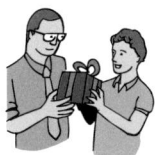

děkuji

Dank ok

Kolik stojí...?

Wat kost...?

nerozumím

Ik verstah nich

problém

dat Problem

Dobrý večer!

Goden Avend

Dobré ráno!

Moin!

Dobrou noc!

Gode Nacht!

na shledanou

Tschüüs

směr

de Richt

zavazadlo

de Bagaasch

taška

de Tasch

batoh

de Rüchsack

host

de Gast

pokoj

de Stuuv

spací pytel

de Slaapsack

stan

dat Telt

turistické informace

de Touristeninformatschoon

pláž

de Strand

kreditní karta

de Kreditkoort

snídaně

dat Fröhstück

oběd

dat Meddageten

večeře

dat Avendeten

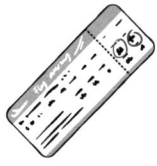

jízdenka

de Fohrkort

výtah

de Fohrstohl

poštovní známka

de Breefmark

hranice

de Grenz

clo

de Toll

poselství

de Bottschop

vízum

dat Visum

pas

de Pass

transport
de Transport

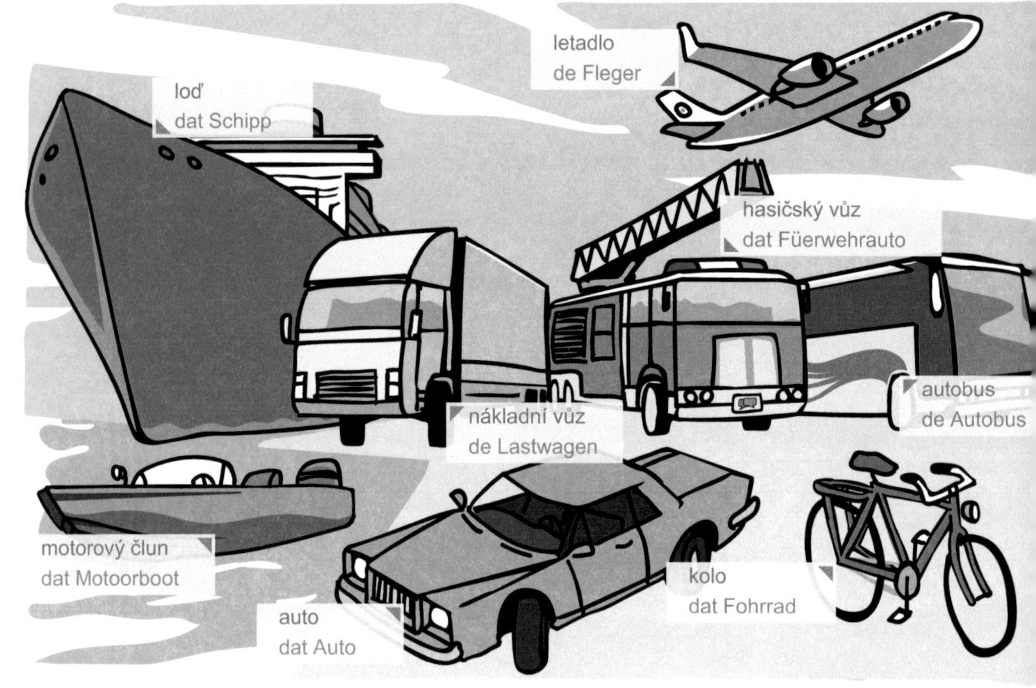

letadlo
de Fleger
loď
dat Schipp
hasičský vůz
dat Füerwehrauto
autobus
de Autobus
nákladní vůz
de Lastwagen
motorový člun
dat Motoorboot
kolo
dat Fohrrad
auto
dat Auto

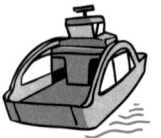

přívoz

de Fähr

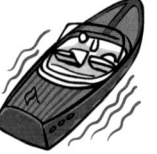

člun

dat Boot

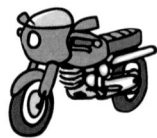

motorka

dat Motoorrad

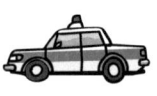

policejní auto

dat Polizeiauto

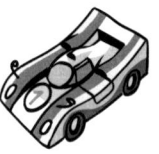

závodní auto

dat Rönnauto

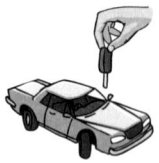

pronajaté auto

de Lehnwagen

sdílení aut

dat Carsharing

odtahová služba

de Afsleepwagen

popelářský vůz

dat Müllauto

motor

de Motoor

palivo

de Kraftstoff

čerpací stanice

de Tanksteed

dopravní značka

dat Verkehrsschild

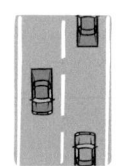

doprava

de Verkehr

dopravní zácpa

de Stau

parkoviště

de Afstellplatz

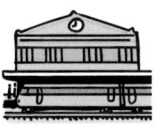

vlakové nádraží

de Bahnhoff

koleje

de Sporen

vlak

de Tog

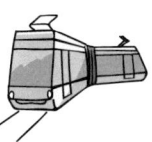

tramvaj

de Stratenbahn

vagón

de Wagon

helikoptéra

de Dwarsmöhl

letiště

de Flooghaven

věž

de Tower

pasažér

de Fohrgast

kontejner

de Grootkist

kartón

de Karton

trakař

de Koor

koš

de Korf

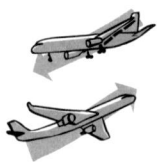

vzlétnout / přistát

starten / lannen

město
de Stadt

vesnice

dat Dörp

střed města

de Binnenstadt

dům

dat Huus

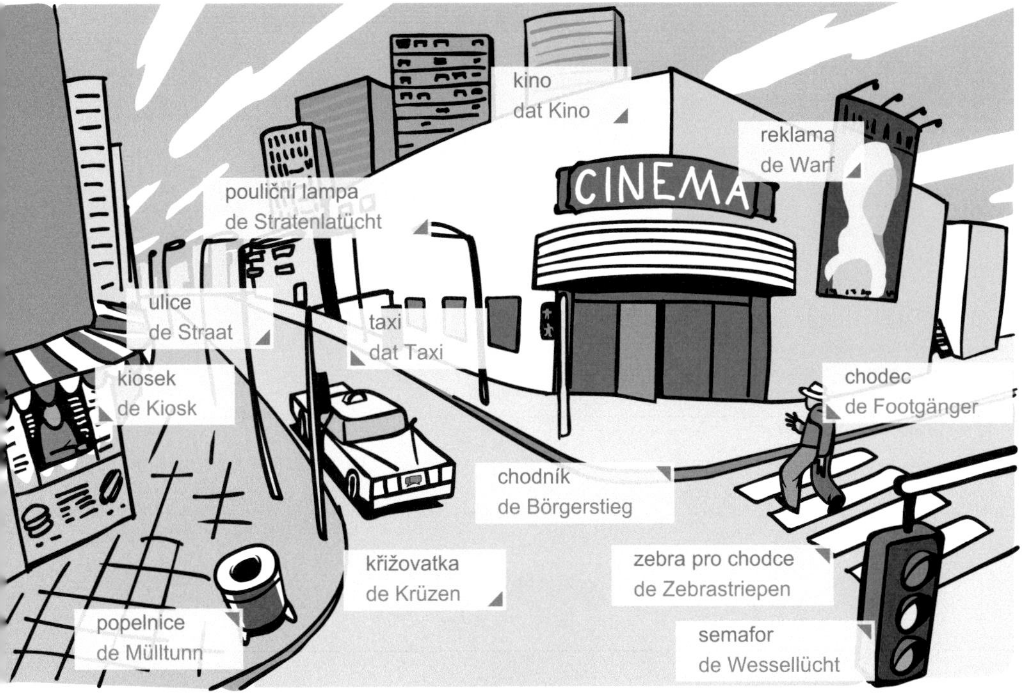

kino
dat Kino

reklama
de Warf

pouliční lampa
de Stratenlatücht

CINEMA

ulice
de Straat

taxi
dat Taxi

kiosek
de Kiosk

chodec
de Footgänger

chodník
de Börgerstieg

křižovatka
de Krüzen

zebra pro chodce
de Zebrastriepen

popelnice
de Mülltunn

semafor
de Wessellücht

chata

de Hütt

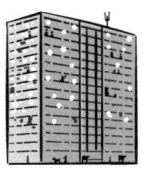

byt

de Wahnung

vlakové nádraží

de Bahnhoff

radnice

dat Raathuus

muzeum

dat Museum

škola

de School

univerzita

de Universität

banka

de Bank

nemocnice

dat Krankenhuus

hotel

dat Hotel

lékárna

de Afteek

kancelář

dat Büro

knihkupectví

de Bookhökerie

obchod

de Hökerie

květinářství

de Blomenhökerie

supermarket

de Supermarkt

tržnice

de Markt

obchodní dům

dat Koophuus

rybárna

de Fischhökerie

nákupní centrum

dat Inkoopszentrum

přístav

de Haven

park

de Parkanlaag

lavička

de Bank

most

de Brüch

schody

de Trepp

metro

de Ünnergrundbahn

tunel

de Tunnel

autobusová zastávka

de Busstoppsteed

bar

de Bar

restaurace

dat Spieslokal

poštovní schránka

de Breefkassen

pouliční tabule

dat Stratenschild

parkovací hodiny

de Parkklock

zoo

de Deertenpark

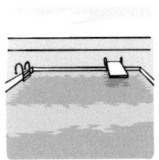

plovárna

de Baadanstalt

mešita

de Moschee

usedlost
de Buernhoff

znečišťování životního
prostředí
de Ümweltversmudden

hřbitov
de Karkhoff

církev
de Kark

hřiště
de Speelplatz

chrám
de Tempel

krajina
de Landschop

list
dat Blatt

rozcestník
de Wiespahl

cesta
de Weg

louka
de Wisch

kámen
de Steen

strom
de Boom

turista
de Wannerer

řeka
de Fluss

tráva
dat Gras

květina
de Bloom

údolí

dat Daal

hora

de Barg

jezero

de See

les

dat Holt

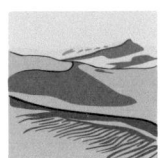

poušť

de Wööst

sopka

de Füerspien Barg

zámek

dat Slott

duha

de Regenbagen

houba

de Poggenstohl

palma

de Palm

komár

de Steekmück

moucha

de Fleeg

mravenec

de Miegeemk

včela

de Imm

pavouk

de Spinn

brouk

de Sebber

žába

de Pogg

veverka

de Katteker

ježek

de Swienegel

zajíc

de Haas

sova

de Uul

pták

de Vagel

labuť

de Swaan

divoké prase

dat Wildswien

jelen

de Hirsch

los

de Elk

přehrada

de Staudamm

větrné kolo

dat Windrad

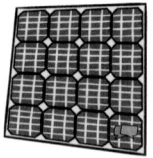

solární panel

dat Solarmodul

podnebí

dat Klima

restaurace
dat Spieslokal

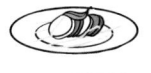

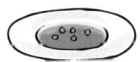

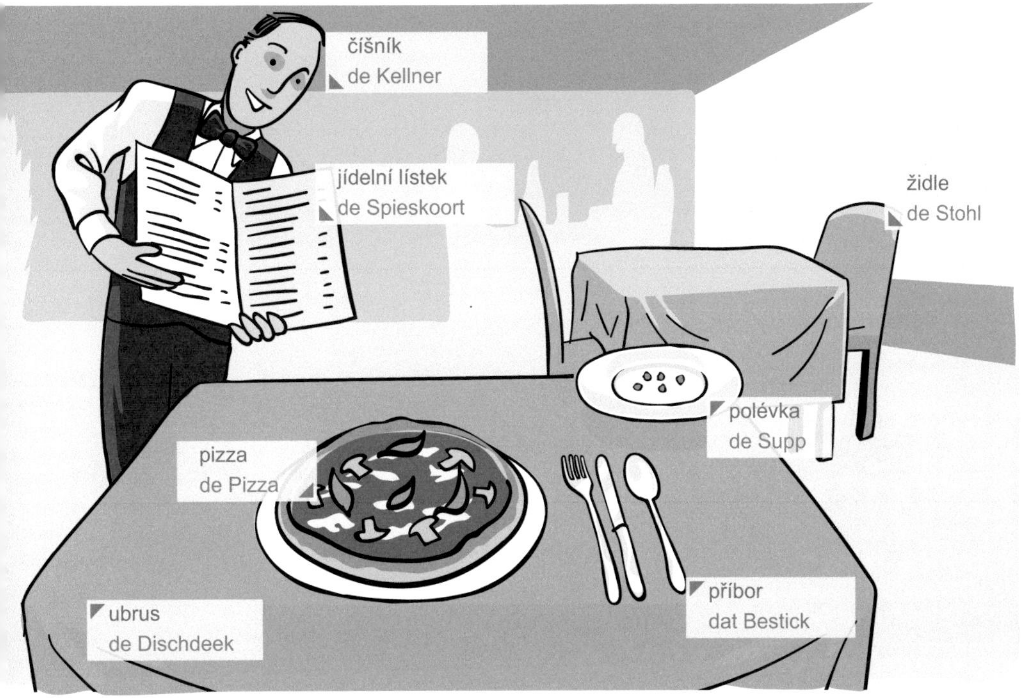

číšník
de Kellner
jídelní lístek
de Spieskoort
židle
de Stohl
polévka
de Supp
pizza
de Pizza
příbor
dat Bestick
ubrus
de Dischdeek

předkrm

de Vörspies

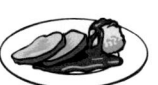

hlavní chod

dat Haupteten

dezert

de Nadisch

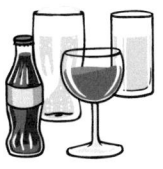

nápoje

de Drünk

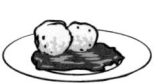

jídlo

dat Eten

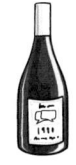

láhev

de Buddel

rychlé občerstvení

dat Fastfood

pouliční občerstvení

dat Strateneten

čajová konvice

de Teekann

cukřenka

de Zuckerdoos

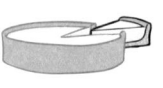

porce

de Portschoon

kávovar na espresso

de Espressomaschien

dětská stolička

de Hoochstohl

faktura

de Reken

tác

dat Tablett

nůž

dat Mess

vidlička

de Gavel

lžíce

de Lepel

čajová lyzička

de Teelepel

ubrousek

dat Munddook

sklenička

dat Glas

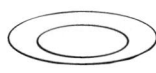

talíř

de Töller

talíř na polévku

de Suppentöller

podšálek

de Ünnertass

omáčka

de Sooß

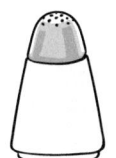

slánka

de Soltstreuer

mlýnek na pepř

de Pepermöhl

ocet

de Etig

olej

dat Ööl

koření

de Krüder

kečup

de Ketchup

hořčice

de Mostrich

majonéza

de Mayonnaise

supermarket
de Supermarkt

nabídka
dat Anbott
FOR
zákazník
de Kunn
mléčné výrobky
de Melkprodukten
ovoce
dat Aaft
nákupní vozík
de Inkoopswagen

BUTCHERS

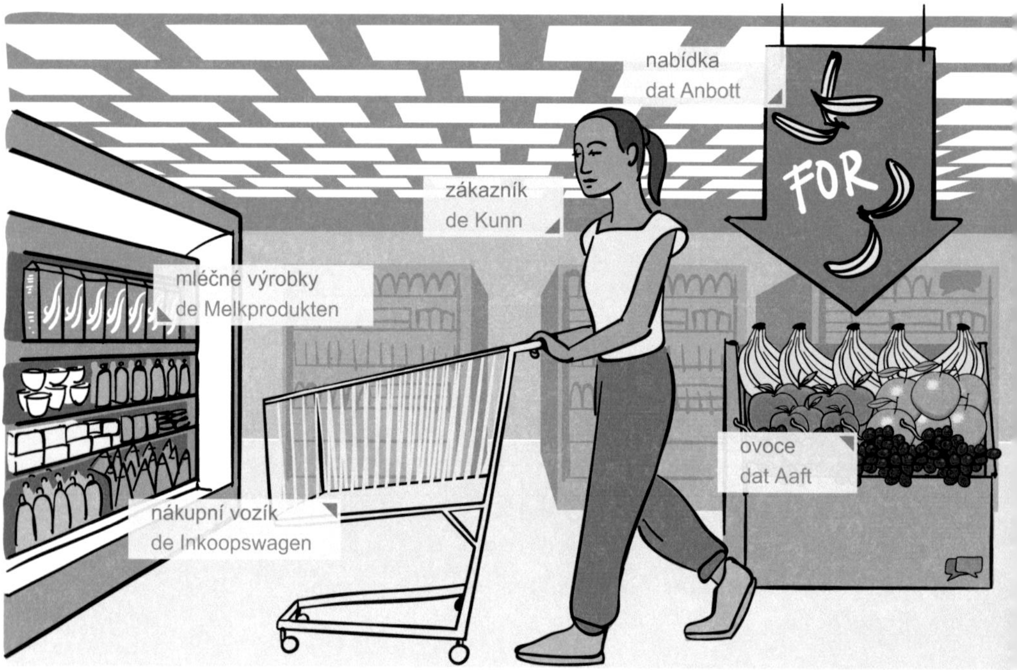

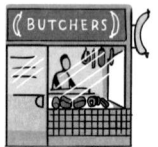

masna

de Slachterie

BAKERY

pekařství

de Bäckerie

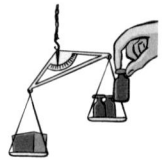

vážit

wegen

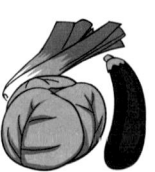

zelenina

de Gröönsaken

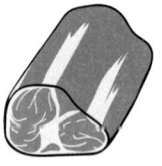

maso

dat Fleesch

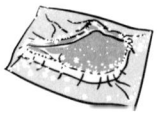

mražené potraviny

de Deepköhlkost

obložený talíř

de Opsnitt

konzervy

de Konserven

prací prášek

de Waschmiddel

cukrovinky

de Snoopkraam

výrobky pro domácnost

de Huushooltssaken

čisticí prostředek

de Reinmaaktüüch

prodavačka

de Verköpersche

pokladna

de Kass

pokladní

de Kasserer

nákupní seznam

de Inkoopslist

otevírací doba

de Opsparrtieden

peněženka

de Breeftasch

kreditní karta

de Kreditkoort

taška

de Tasch

igelitová taška

de Plastiktüüt

nápoje
de Drünk

voda

dat Water

džus

de Saft

mléko

de Melk

kola

de Cola

víno

de Wien

pivo

dat Beer

alkohol

de Spriet

kakao

de Kakao

čaj

de Tee

káva

de Koffie

espresso

de Espresso

kapučíno

de Cappucino

banán

de Banaan

jablko

de Appel

pomeranč

de Appelsien

meloun

de Meloon

citrón

de Zitroon

mrkev

de Wöttel

česnek

de Knuuvlook

bambus

de Bambus

cibule

de Zibbel

houba

de Poggenstohl

ořechy

de Nööt

těstoviny

de Nudeln

špageti

de Spaghetti

rýže

de Ries

salát

de Salat

hranolky

de Pommes frites

americké brambory

de Braadkantüffeln

pizza

de Pizza

hamburger

de Hamborger

sendvič

dat Sandwich

řízek

dat Snitzel

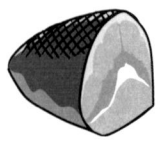

šunka

de Schinken

salám

de Salami

salám

de Wust

kuře

dat Hohn

pečeně

de Braden

ryby

de Fisch

ovesné vločky

de Haverflocken

müsli

dat Müsli

vločky

de Cornflakes

mouka

dat Mehl

croissant

de Croissant

houska

dat Rundstück

chléb

dat Broot

toast

dat Toast

sušenky

de Keksen

máslo

de Botter

tvaroh

de Quark

buchta

de Koken

vejce

dat Ei

volské oko

dat Spegelei

sýr

de Kees

zmrzlina

de Ies

cukr

de Zucker

med

de Honnig

marmeláda

de Marmelaad

nugátový krém

de Nougat-Creme

kari

dat Curry

usedlost

de Buernhoff

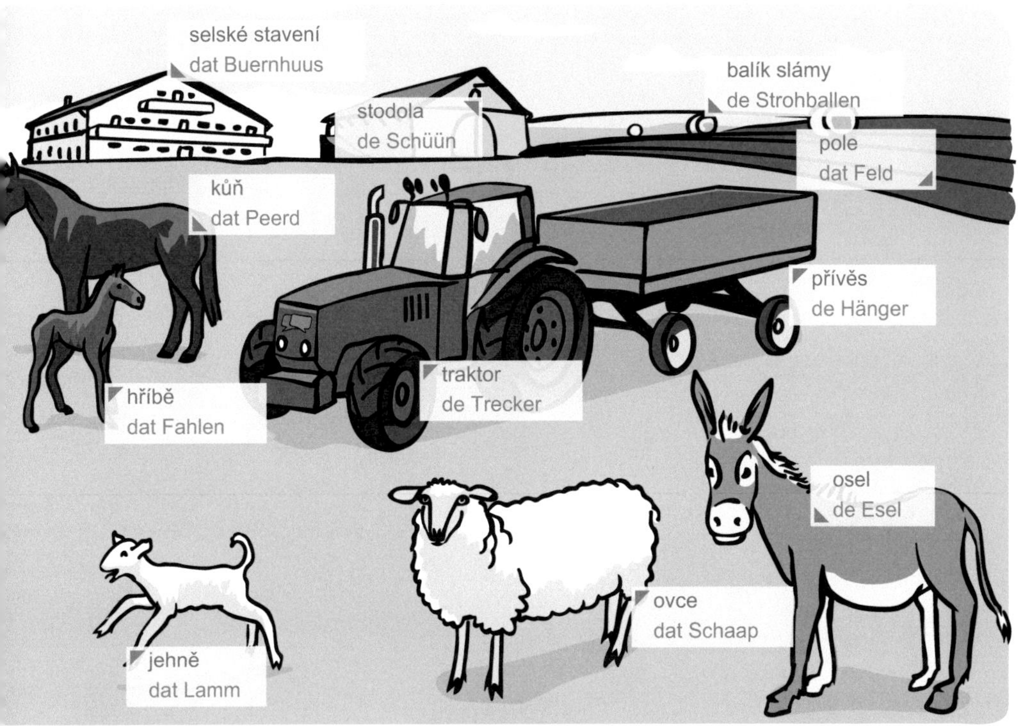
selské stavení
dat Buernhuus
stodola
de Schüün
balík slámy
de Strohballen
pole
dat Feld
kůň
dat Peerd
přívěs
de Hänger
traktor
de Trecker
hříbě
dat Fahlen
osel
de Esel
ovce
dat Schaap
jehně
dat Lamm

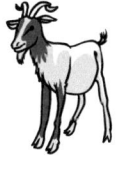

koza

de Zeeg

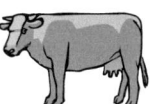

kráva

de Koh

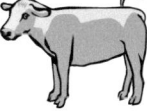

tele

dat Kalf

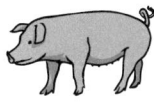

prase

dat Swien

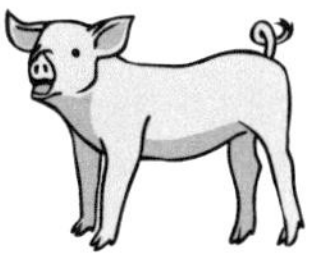

sele

dat Farken

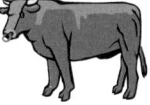

býk

de Bull

husa

de Goos

kachna

de Aant

kuře

dat Küken

slepice

dat Hohn

kohout

de Hahn

krysa

de Rott

kočka

de Katt

myš

de Muus

vůl

de Oss

pes

de Hund

psí bouda

de Hunnenhütt

zahradní hadice

de Goornslauch

kropicí konev

de Geetkann

kosa

de Lee

pluh

de Ploog

srp

de Sich

motyka

de Hack

vidle

de Mestfork

sekera

de Ext

kolecko

de Schuufkoor

koryto

de Trog

konev na mléko

de Melkkann

pytel

de Sack

plot

de Tuun

stáj

de Stall

skleník

dat Drievhuus

půda

de Bodden

osivo

de Saat

hnojivo

de Dünger

kombajn

de Meihdöscher

sklidit

oornen

sklizeň

de Oorn

smldinec

de Yamswöttel

pšenice

de Weten

sója

dat Soja

brambora

de Kantüffel

kukuřice

de Törksche Weten

řepka

de Rapp

ovocný strom

de Aaftboom

maniok

de Troopsch Kantüffel

obilí

dat Koorn

dům
dat Huus

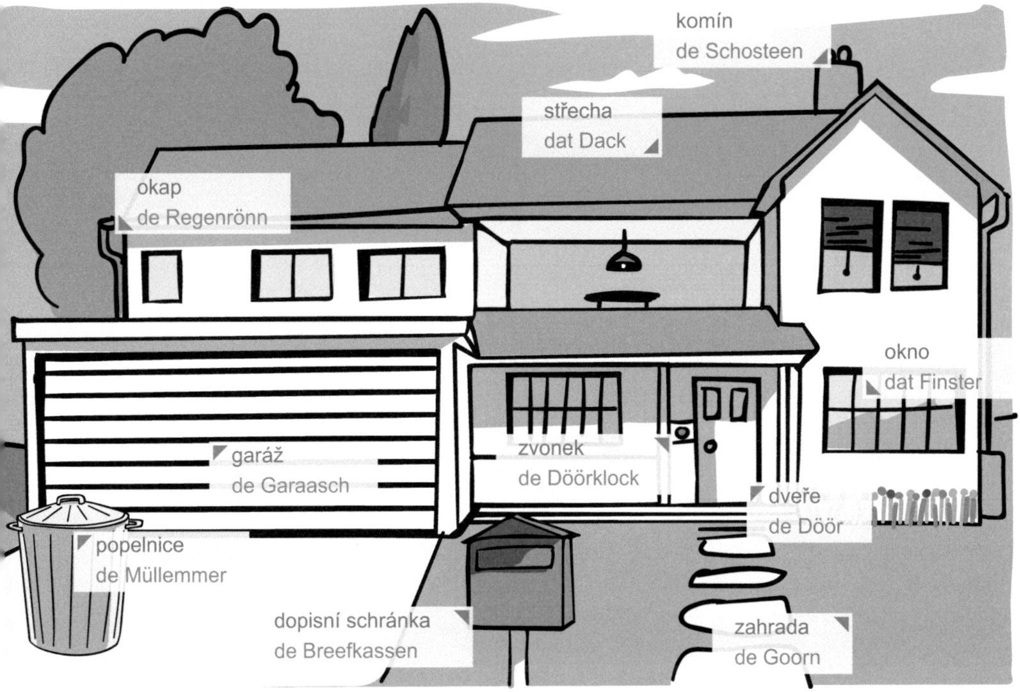
komín
de Schosteen
střecha
dat Dack
okap
de Regenrönn
okno
dat Finster
garáž
de Garaasch
zvonek
de Döörklock
dveře
de Döör
popelnice
de Müllemmer
dopisní schránka
de Breefkassen
zahrada
de Goorn

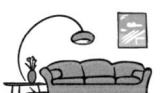

obývací pokoj

de Wahnstuuv

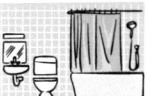

koupelna

de Baadstuuv

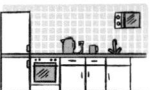

kuchyně

de Köök

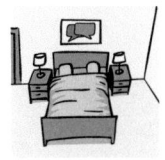

ložnice

de Slaapstuuv

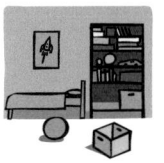

dětský pokoj

de Kinnerstuuv

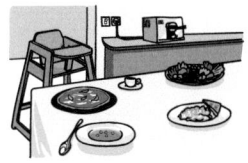

jídelna

de Eetstuuv

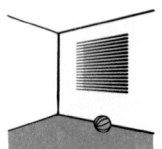

podlaha

de Footbodden

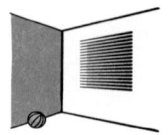

zeď

de Wand

deka

de Deek

sklep

de Keller

sauna

dat Hittluftbad

balkón

de Balkon

terasa

de Terrass

bazén

dat Swümmbad

sekačka na trávu

de Rasenmeiher

ložní prádlo

de Bettbetog

lůžková přikrývka

de Bettdeek

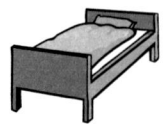

postel

de Puuch

smeták

de Bessen

kýbl

de Emmer

vypínač

de Schalter

obývací pokoj
de Wahnstuuv

tapeta
de Tapeet
obrázek
dat Bild
žárovka
de Lamp
police
dat Regal
skříň
dat Schapp
televizor
de Kiekkassen
komín
de Kamin
květina
de Bloom
polštář
dat Küssen
gauč
dat Sofa
váza
de Vaas
dálkový ovladač
de Feernbedenen

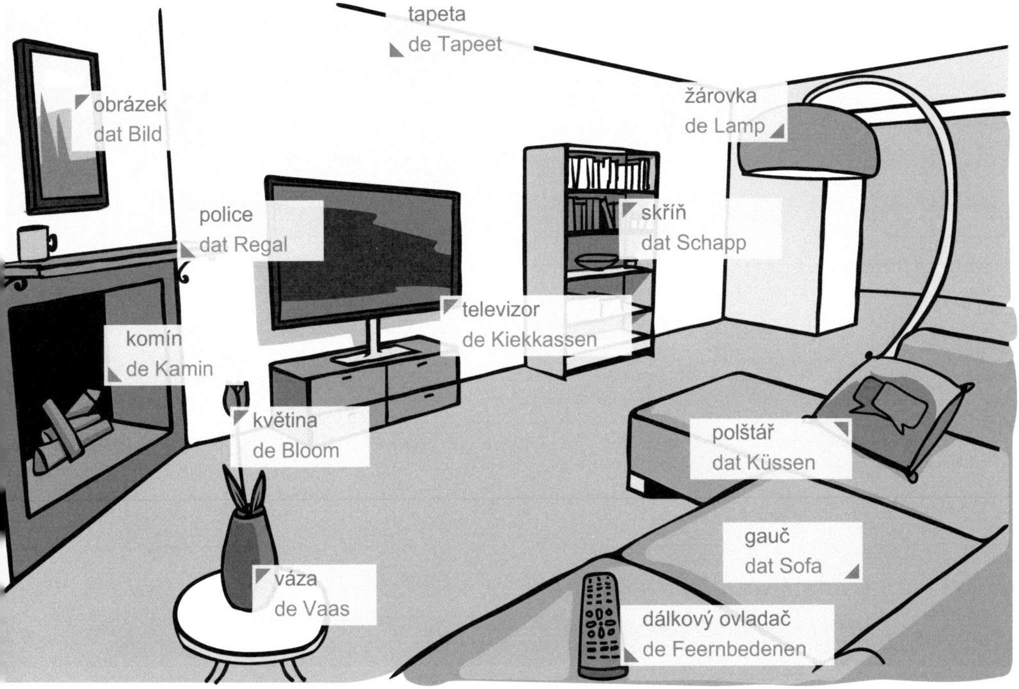

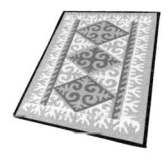

koberec

de Teppich

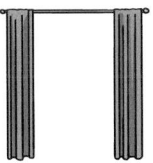

závěs

de Vörhang

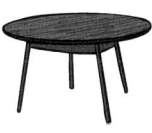

stůl

de Disch

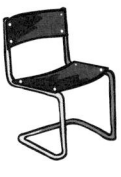

židle

de Stohl

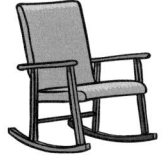

houpací křeslo

de Schuckelstohl

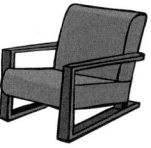

křeslo

de Sessel

kniha

dat Book

strop

de Deek

ozdoba

de Dekoratschoon

palivové dříví

dat Füerholt

film

de Film

stereo souprava

de Stereoanlaag

klíč

de Slötel

noviny

dat Narichtenblatt

malba

dat Gemälde

plakát

dat Poster

rádio

dat Radio

poznámkový blok

de Opschrievblock

vysavač

de Huulbessen

kaktus

de Kaktus

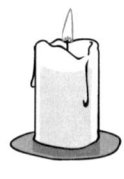

ovíoc

de Kars

kuchyně
de Köök

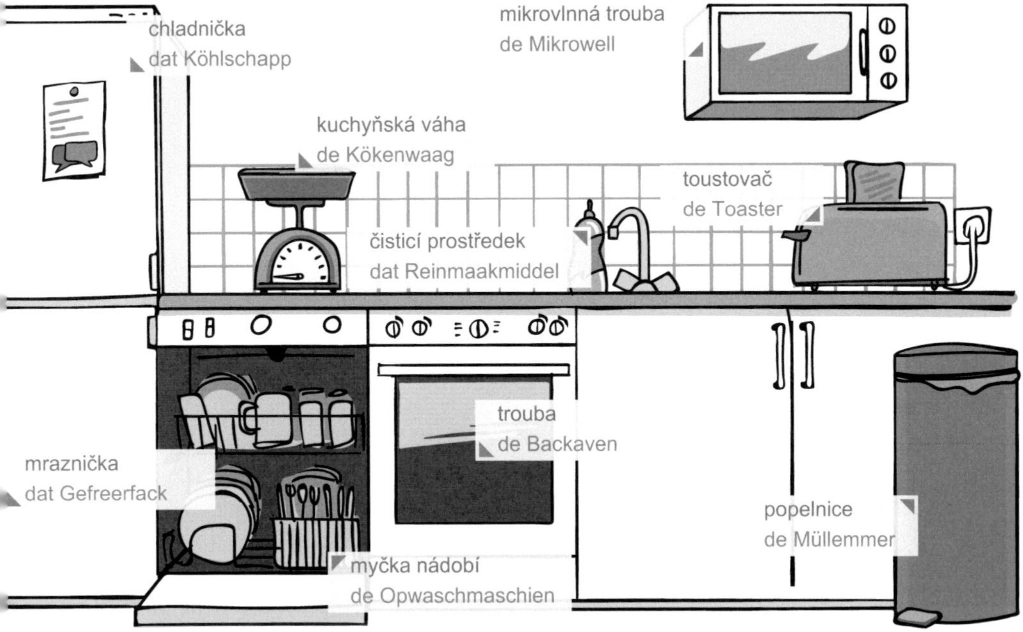
chladnička
dat Köhlschapp
mikrovlnná trouba
de Mikrowell
kuchyňská váha
de Kökenwaag
toustovač
de Toaster
čisticí prostředek
dat Reinmaakmiddel
trouba
de Backaven
mraznička
dat Gefreerfack
popelnice
de Müllemmer
myčka nádobí
de Opwaschmaschien

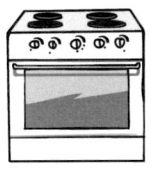

sporák

de Heerd

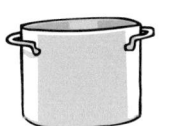

hrnec

de Pott

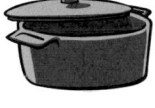

litinový hrnec

de Gussiesern Putt

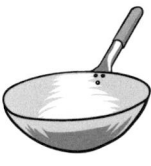

wok / kadai

de Wok / Kadai

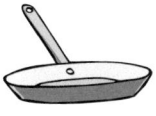

pánev

de Pann

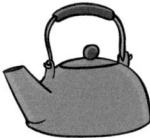

varná konvice

de Waterkaker

parní hrnec

de Dampkaakputt

plech na pečení

dat Backblick

nádobí

dat Geschirr

hrnek

de Beker

miska

de Schaal

jídelní hůlky

de Eetsticken

naběračka

de Suppenkell

obracečka

de Pannenwenner

metla

de Sneebessen

síto

dat Kaakseef

cedník

dat Seef

struhadlo

de Riev

hmoždíř

de Mörser

gril

de Grill

ohniště

de Füerstell

prkénko na krájení

dat Sniedbrett

váleček na těsto

dat Nudelholt

vývrtka

de Proppentrecker

dóza

de Doos

otvírák na konzervy

de Dosenaapner

chňapka

de Pottlappen

umyvadlo

dat Waschbecken

kartáč na nádobí

de Böst

houba

de Swamm

mixér

de Mixer

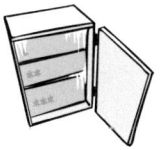

mrazák

dat lesschapp

dětská lahev

de Nuckelbuddel

kohoutek

de Waterhahn

koupelna
de Baadstuuv

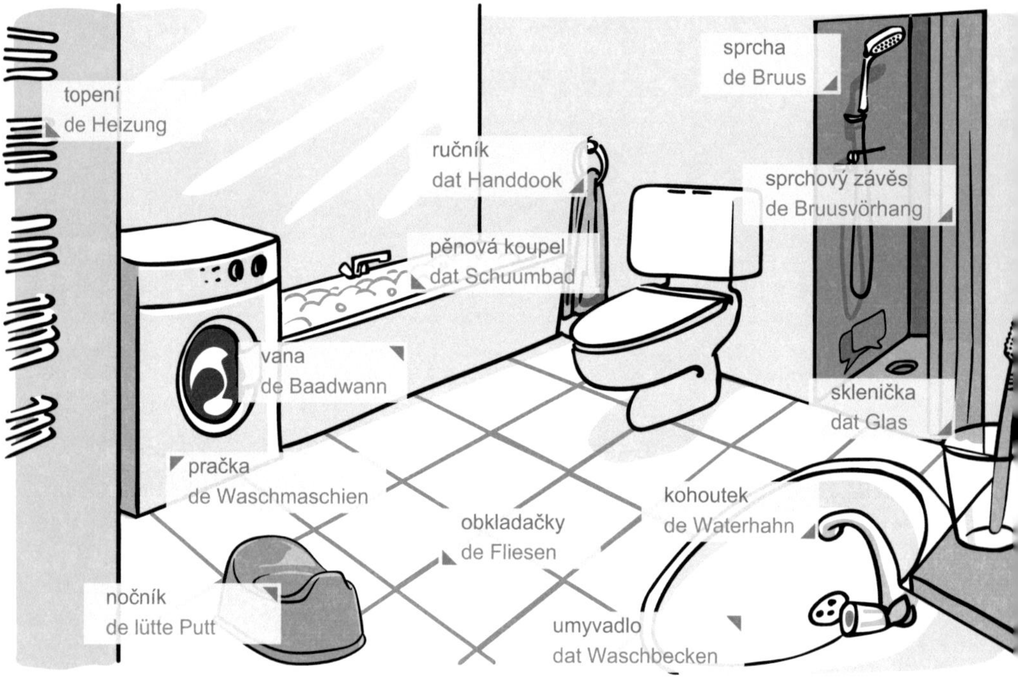

topení
de Heizung
ručník
dat Handdook
sprcha
de Bruus
sprchový závěs
de Bruusvörhang
pěnová koupel
dat Schuumbad
vana
de Baadwann
sklenička
dat Glas
pračka
de Waschmaschien
kohoutek
de Waterhahn
obkladačky
de Fliesen
nočník
de lütte Putt
umyvadlo
dat Waschbecken

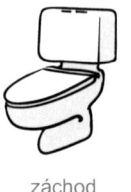

záchod

de Tante Meier

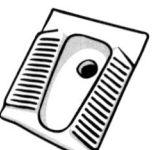

turecký záchod

de Hockklo

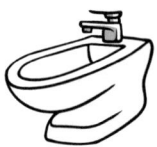

bidet

dat Bidet

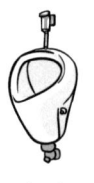

pisoár

dat Miegbecken

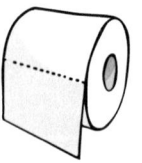

toaletní papír

dat Klopapeer

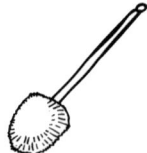

záchodová štětka

de Kloböst

zubní kartáček

de Tähnböst

zubní pasta

de Tähnpast

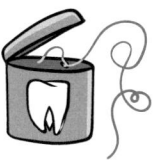

zubní niť

de Tähnsied

mýt

waschen

ruční sprcha

de Handbruus

intimní sprcha

de Intimbruus

umyvadlo

de Waschschöttel

kartáč na záda

de Rüchböst

mýdlo

de Seep

sprchový gel

dat Bruusgeel

šampón

dat Hoorwaschmiddel

žínka

de Waschlappen

odpad

de Afloop

krém

de Creme

deodorant

dat Deodorant

zrcadlo

de Spegel

kosmetické zrcátko

de Kosmetikspegel

holicí strojek

de Raserer

pěna na holení

de Raseerschuum

voda po holení

dat Raseerwater

hřeben

de Kamm

kartáč

de Böst

fén

de Hoordröger

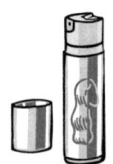

lak na vlasy

dat Hoorspray

makeup

de Smink

rtěnka

de Lippensticken

lak na nehty

de Nagellack

vata

de Watt

nůžky na nehty

de Nagelscheer

parfém

dat Rüükwater

ška s toaletními potřebami

de Kulturbüdel

stolička

de Schemel

váha

de Waag

župan

de Baadmantel

gumové rukavice

de Gummihanschen

tampón

de Tampon

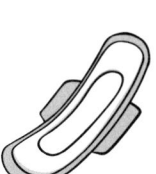

dámská vložka

de Damenbinn

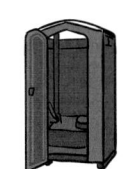

chemická toaleta

dat Chemieklo

dětský pokoj
de Kinnerstuuv

budík
de Wecker
plyšová hračka
dat Knudeldeert
autíčko
dat Speeltüüchauto
chrastítko
de Klöter
domeček pro panenky
dat Poppenhuus
dárek
dat Geschenk

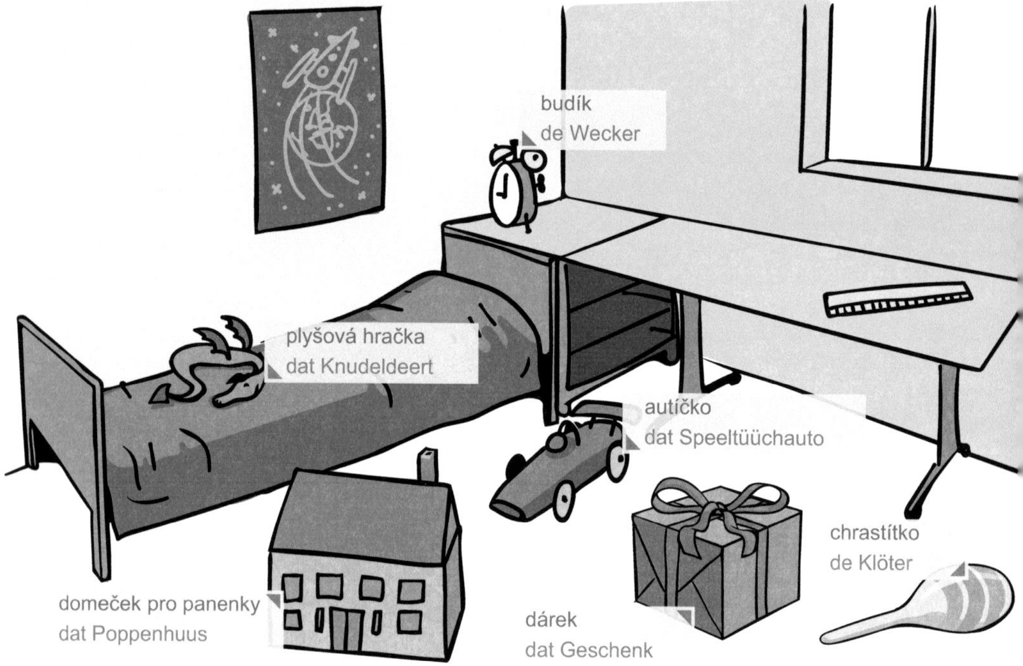

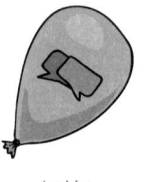

balón

de Luftballon

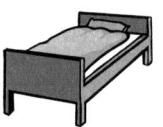

postel

de Puuch

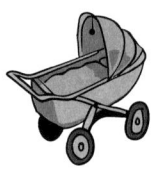

kočárek

de Kinnerwagen

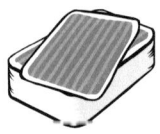

balíček karet

dat Koortenspeel

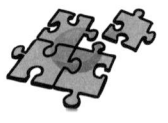

puzzle

dat Puzzle

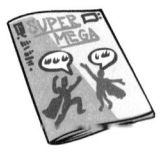

komiks

de Billergeschicht

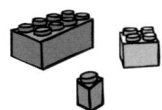

lego kostky

de Legostenen

stavebnice

de Bustenen

akční figurka

de Action-Figur

dupačky

de Strampelantog

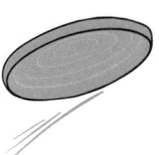

frisbee

de Frisbeeschiev

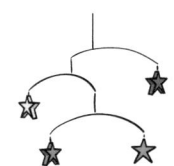

závěsné hračky nad postýlku

dat Mobile

desková hra

dat Brettspeel

kostky

de Wörpel

modelová železnice

de Modelliesenbahn

dudlik

de Snuller

oslava

de Party

obrázková kniha

dat Billerbook

míč

de Ball

panenka

de Popp

hrát si

spelen

pískoviště
de Sandkassen

houpačka
de Schuckel

hračky
dat Speeltüüch

hrací konzole
de Speelkonsool

tříkolka
dat Dreerad

medvídek
de Teddyboor

šatník
dat Klederschapp

oblečení
dat Tüüch

ponožky
de Socken

punčochy
de Strümp

punčochové kalhoty
de Strumpbüx

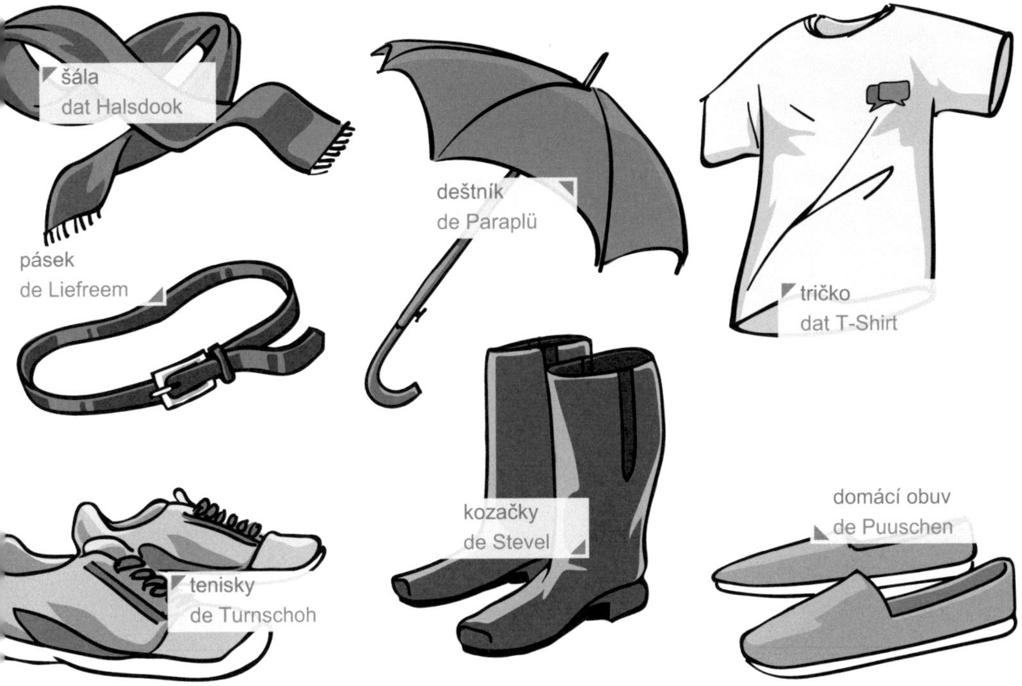

šála
dat Halsdook

deštník
de Paraplü

tričko
dat T-Shirt

pásek
de Liefreem

kozačky
de Stevel

domácí obuv
de Puuschen

tenisky
de Turnschoh

sandály
de Sandalen

obuv
de Schoh

holínky
de Gummistevel

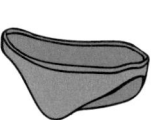

spodní prádlo
de Ünnerbüx

podprsenka
de Bostholler

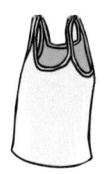

nátělník
dat Ünnerhemd

body
de Lief

kalhoty
de Büx

džíny
de Jeansnüx

sukně
de Rock

blůza
de Bluus

košile
dat Hemd

svetr
de Pullover

mikina
de Kapuzenpullover

blejzr
de Blazer

bunda
de Jack

kabát
de Mantel

pláštěnka
de Övertrecker

kostým
dat Kostüm

šaty
dat Kleed

svatební šaty
dat Hochtietskleed

oblek

de Antog

noční košile

dat Nachtkleed

pyžamo

de Slaapantog

sárí

de Sari

šátek na hlavu

dat Koppdook

turban

de Turban

burka

de Burka

kaftan

de Kaftan

abája

de Abaya

plavky

de Baadantog

pánské plavky

de Baadbüx

kraťasy

de Korte Büx

tepláková souprava

de Antog to'n Öven

zástěra

de Schört

rukavice

de Handschoh

knoflík

de Knopp

brýle

de Brill

náramek

dat Armband

náhrdelník

de Halskeed

prsten

de Ring

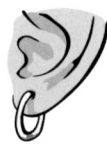

náušnice

de Ohrbummel

čepice

de Mütz

ramínko

de Klederbögel

klobouk

de Hoot

kravata

de Binner

zip

de Rietslüter

helma

de Helm

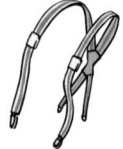

kšandy

dat Drachtband

školní uniforma

de Schooluniform

uniforma

de Uniform

bryndák
de Severböten

dudlík
de Snuller

plena
de Winnel

kancelář
dat Büro

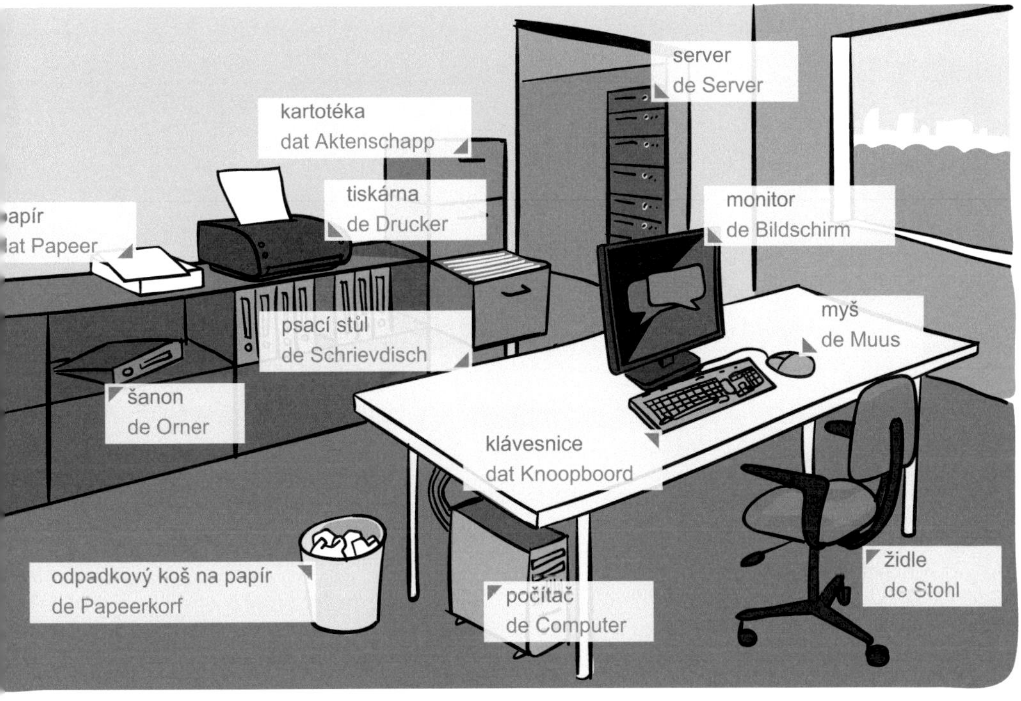

server
de Server

kartotéka
dat Aktenschapp

tiskárna
de Drucker

monitor
de Bildschirm

apír
at Papeer

psací stůl
de Schrievdisch

myš
de Muus

šanon
de Orner

klávesnice
dat Knoopboord

odpadkový koš na papír
de Papeerkorf

počítač
de Computer

židle
de Stohl

hrnek na kávu
de Koffiebeker

kalkulačka
de Taschenreekner

internet
dat Internet

notebook

de Klappreekner

dopis

de Breef

zpráva

de Naricht

mobil

de Ackersnacker

síť

dat Nettwark

kopírka

de Kopeerapparat

software

de Software

telefon

de Klöönkassen

zásuvka

de Steekdoos

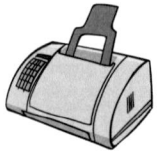

fax

de Faxapparat

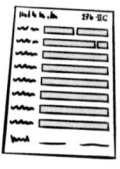

formulář

dat Formulor

dokument

dat Dokument

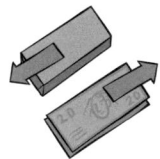

nakupovat

köpen

zaplatit

betahlen

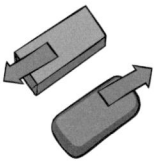

jednat

hanneln

peníze

dat Geld

dolar

de Dollar

euro

de Euro

jen

de Yen

rubl

de Ruvel

frank

de Swiezer Franken

juan

de Renminbi Yuan

rupie

de Rupie

bankomat

de Geldautomat

směnárna

de Wesselstuuv

zlato

dat Gold

stříbro

dat Sülver

olej

dat Ööl

energie

de Energie

cena

de Pries

smlouva

de Verdrag

daň

de Stüer

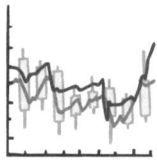

akcie

de Andeelschien

pracovat

arbeiden

zaměstnanec

de Anstellte

zaměstnavatel

de Arbeitgever

továrna

de Fabrik

obohod

de Hökerie

povolání
de Profeschonen

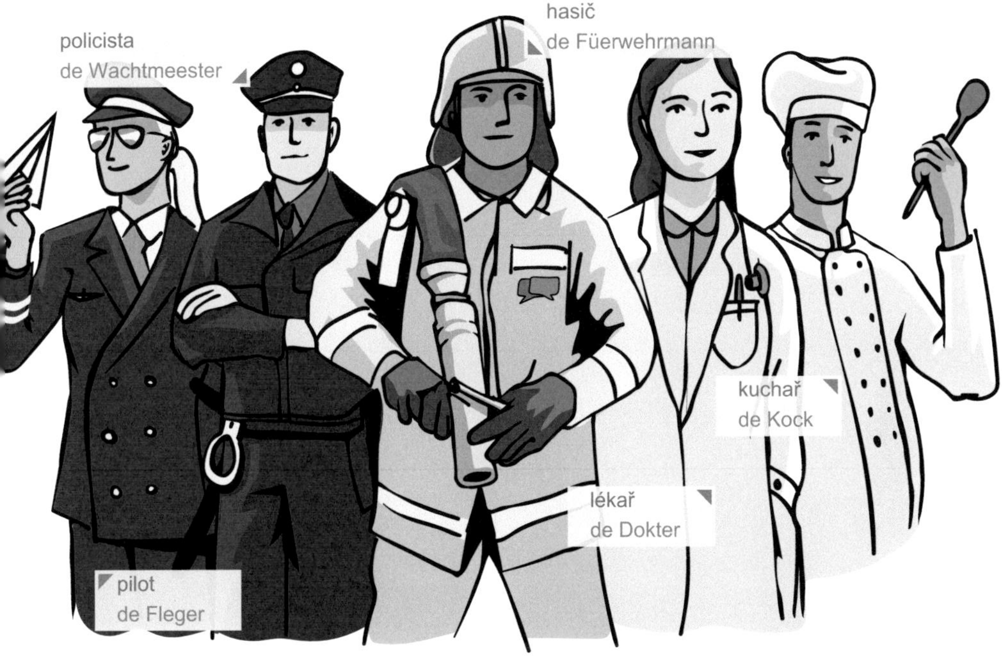

policista
de Wachtmeester
hasič
de Füerwehrmann
kuchař
de Kock
lékař
de Dokter
pilot
de Fleger

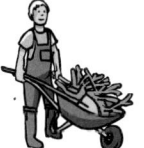

zahradník

de Goorner

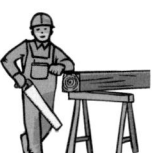

truhlář

de Discher

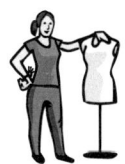

švadlena

de Neihersche

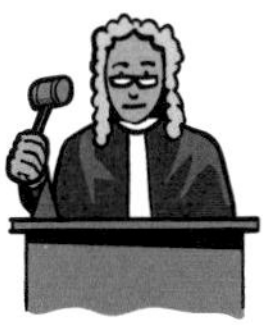

soudce

de Richter

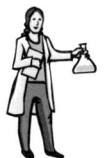

chemik

de Chemiker

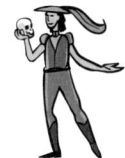

herec

de Schauspeler

řidič autobusu

de Busfohrer

řidič taxi

de Taxifohrer

rybář

de Fischer

uklízečka

de Reinmaakfru

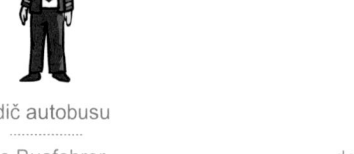

pokrývač

de Dackdecker

číšník

de Kellner

myslivec

de Jäger

malíř

de Maler

pekař

de Bäcker

elektrikář

de Elektriker

stavební dělník

de Buarbeider

inženýr

de Ingenieur

řezník

de Slachter

klempíř

de Klempner

listonoš

de Postbüdel

voják
de Suldat

architekt
de Architekt

pokladní
de Kasserer

florista
de Florist

kadeřník
de Putzbüdel

průvodčí
de Schaffner

mechanik
de Mechaniker

kapitán
de Kaptein

zubař
de Tähndokter

vědec
de Wetenschopler

rabín
de Rabbi

imam
de Imam

mnich
de Mönk

duchovní
de Paap

nářadí
dat Warktüüch

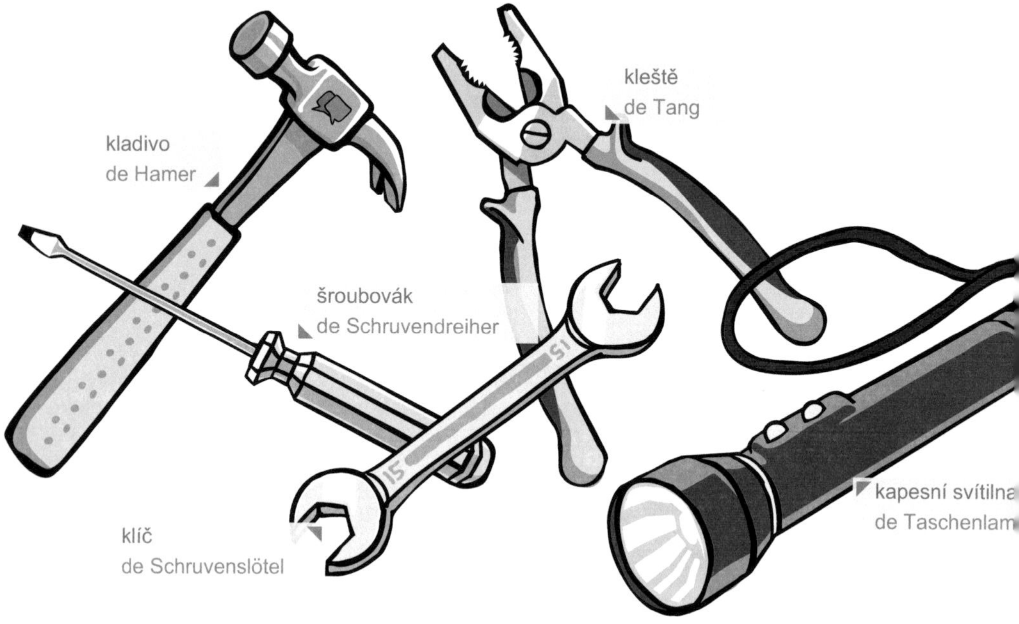
kladivo
de Hamer
kleště
de Tang
šroubovák
de Schruvendreiher
klíč
de Schruvenslötel
kapesní svítilna
de Taschenlam

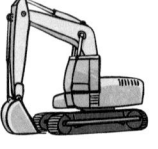

bagr

de Grieper

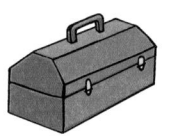

skříň na nářadí

de Warktüüchkassen

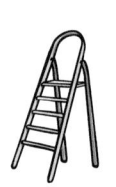

žebřík

de Ledder

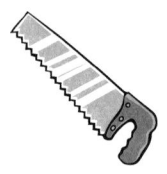

pila

de Saag

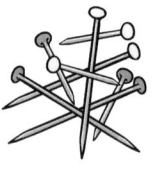

hřebíky

de Nagels

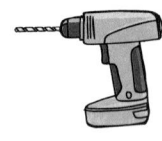

vrtačka

de Bohrer

opravit

heelmaken

lopata

de Schüffel

Kurva!

Schiet!

lopatka

dat Kehrblick

vědroé na barvu

de Farvpott

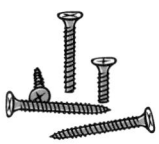

šrouby

de Schruven

hudební nástroje
de Musikinstrumenten

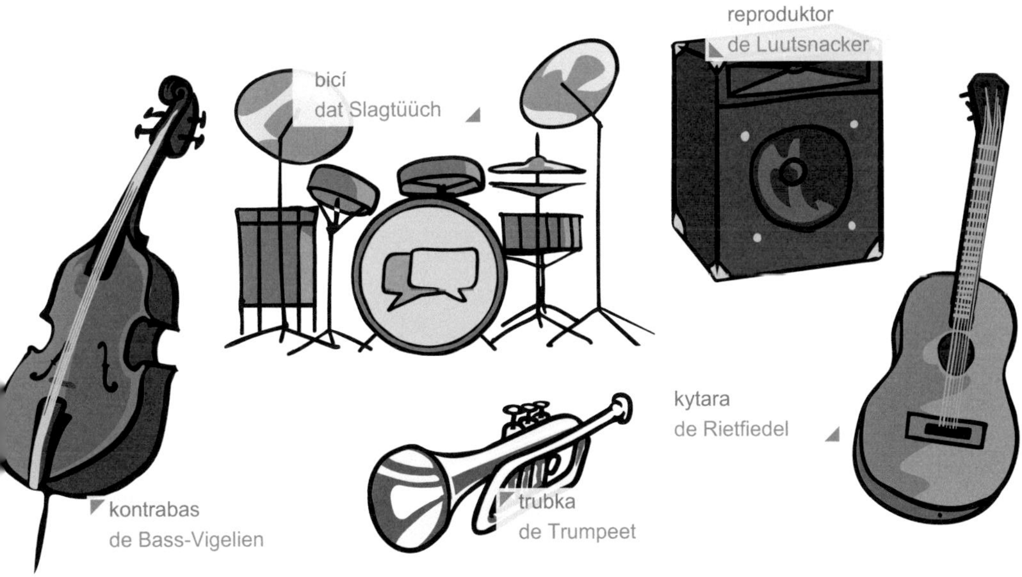

reproduktor
de Luutsnacker

bicí
dat Slagtüüch

kontrabas
de Bass-Vigelien

trubka
de Trumpeet

kytara
de Rietfiedel

klavír
....
dat Klaveer

housle
....
de Vigelien

basa
....
de Bass

tympán
....
de Pauk

bubny
....
de Trummeln

keyboard
....
dat Keyboard

saxofon
....
dat Saxophon

flétna
....
de Fleut

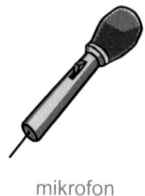

mikrofon
....
dat Mikrofoon

hudební nástroje - de Musikinstrumenten

vstup
de Ingang

tygr
de Tiger

klec
de Käfig

zebra
dat Zebra

krmivo pro zvířata
dat Deertenfoder

panda
de Panda-Boor

zvířata

de Deerten

slon

de Elefant

klokan

dat Känguru

nosorožec

dat Neeshoorn

gorila

de Gorilla

medvěd

de Boor

velbloud

dat Kameel

pštros

de Struuß

lev

de Lööv

opice

de Aap

plameňák

de Flamingo

papoušek

de Papagoi

lední medvěd

de Iesboor

tučňák

de Pinguin

žralok

de Haifisch

páv

de Pageluun

had

de Slang

krokodýl

dat Krokodil

ošetřovatel zvířat

de Oppasser in'n
Deertenpark

tuleň

de Saalhund

jaguár

de Jaguor

poník

dat Pony

leopard

de Leopard

hroch

dat Nilpeerd

žirafa

de Giraff

orel

de Aadler

divoké prase

dat Wildswien

ryby

de Fisch

želva

de Schildkrööt

mrož

dat Walross

liška

de Voss

gazela

de Gazell

americký fotbal
de Amerikaansch Football

cyklistika
dat Radfohren

tenis
dat Tennis

košíková
de Korfball

plavání
dat Swümmen

box
dat Boxen

lední hokej
dat Ieshockey

kopaná
de Football

badminton
dat Fedderball

lehká atletika
de Leichtathletik

házená
de Handball

běh na lyžích
dat Skilopen

vodní pólo
dat Polo

aktivity
de Aktivitäten

smát se
lachen
skočit
springen
objímat
ümarmen
jít
gahn
zpívat
singen
snít
drömen
modlit se
beden
políbit
snuteln

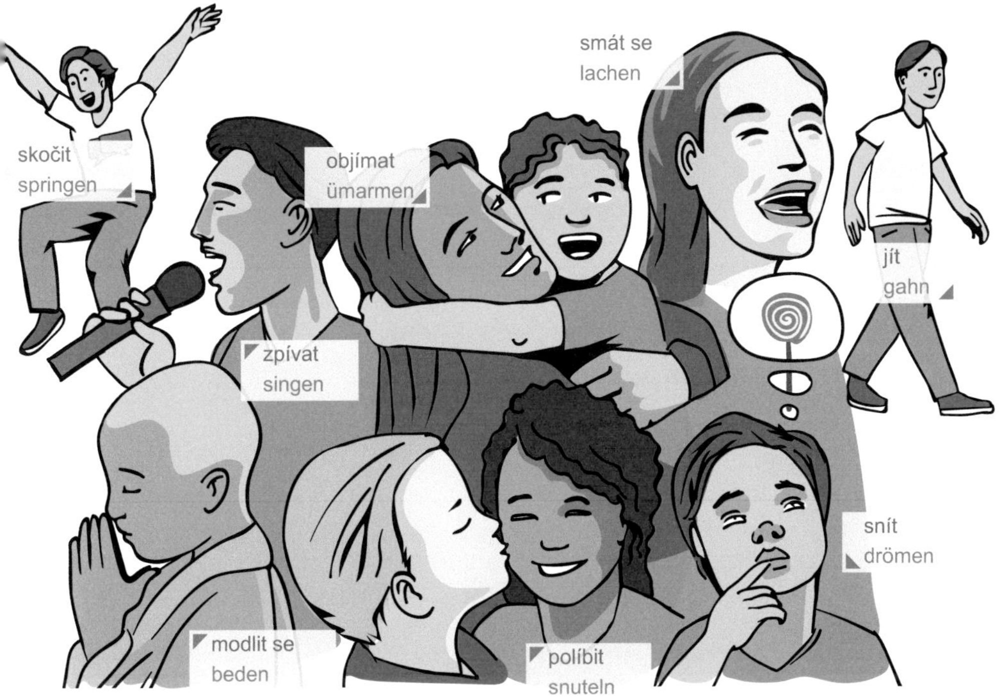

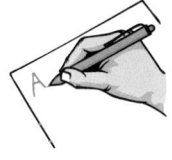

psát

schrieven

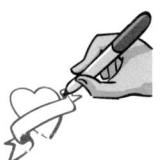

kreslit

teken

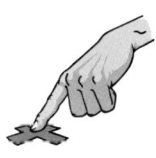

ukazovat

wiesen

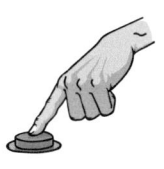

tlačit

drücken

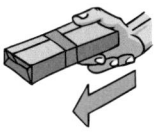

dát

geven

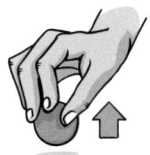

vzít si

nehmen

mít

hebben

dělat

doon

být

sien

stát

stahn

běhat

lopen

táhnout

trecken

hodit

smieten

padat

fallen

ležet

liggen

čekat

töven

nosit

dregen

sedět

sitten

oblékat

antrecken

spát

slapen

vzbudit se

opwaken

prohlédnout si

ankieken

plakat

wenen

pohladit

eien

česat

kämmen

hovořit

snacken

rozumět

verstahn

ptát se

fragen

slyšet

hören

pít

drinken

jist

eten

uklidit

oprümen

mllovat

leefhebben

vařit

kaken

jet

fohren

letět

flegen

plachtit

segeln

počítat

reken

číst

lesen

učit se

lehren

pracovat

arbeiden

vzít si

de Plünnen tohoopsmieten

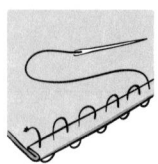

šít

neihen

čistit si zuby

Tähnen putzen

zabít

dootmaken

kouřit

smöken

poslat

schicken

bička
de Grootmoder

dědeček
de Grootvadder

otec
de Vadder

matka
de Moder

ě
t Winnelkind

dcera
de Dochter

syn
de Söhn

host

de Gast

teta

de Tant

strýc

de Unkel

bratr

de Broder

sestra

de Süster

tělo
de Lief

čelo
de Vörkopp
oko
dat Oog
rameno
de Schuller
prst
de Finger
obličej
dat Gesicht
brada
dat Kinn
ruka
de Hand
dolní končetina
dat Been
hruď
de Bost
paže
de Arm

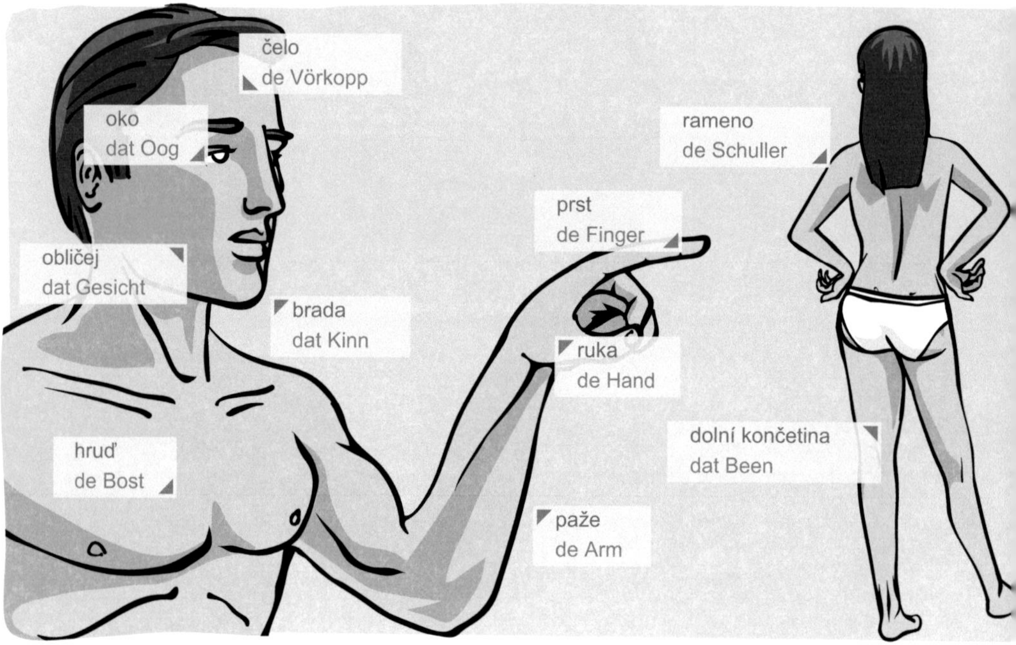

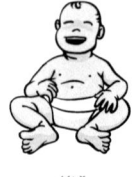

dítě

dat Winnelkind

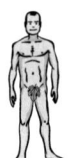

muž

de Mann

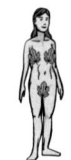

žena

de Fro

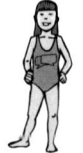

dívka

de Deern

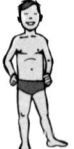

chlapec

de Jung

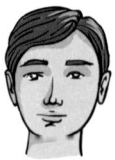

hlava

de Arm

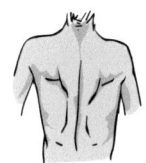

záda

de Rüch

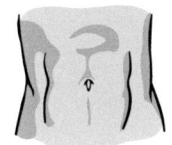

břicho

de Buuk

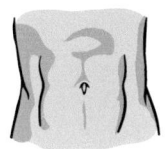

pupík

de Navel

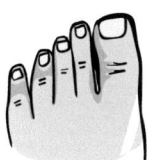

prst na noze

de Teh

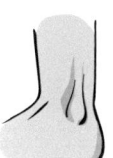

pata

de Hack

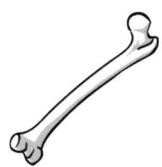

kost

de Knaken

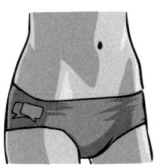

bok

de Hüft

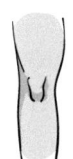

koleno

dat Knee

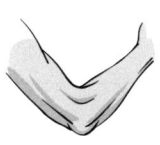

loket

de Ellbagen

nos

de Nees

zadek

de Achtersen

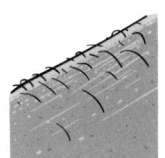

kůže

de Huut

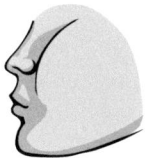

tvář

de Back

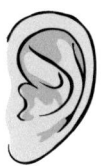

ucho

dat Ohr

ret

de Lipp

ústa

de Mund

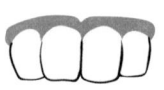

zub

de Tähn

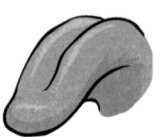

jazyk

de Tung

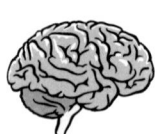

mozek

de Bregen

srdce

dat Hart

sval

de Muskel

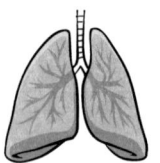

plíce

de Lung

játra

de Lever

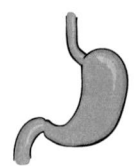

žaludek

de Maag

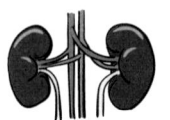

ledviny

de Neren

pohlavní styk

de Bislaap

kondom

dat Kondoom

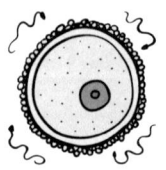

vajíčko

de Eizell

sperma

dat Sperma

těhotenství

de Anner Ümstänn

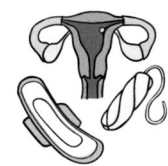

menstruace

de Menstruatschoon

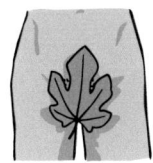

vagina

de Scheed

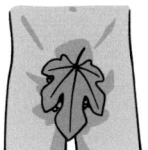

penis

de Pint

obočí

de Ogenbroe

vlasy

dat Hoor

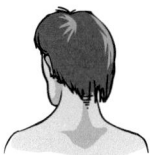

krk

de Hals

tělo - de Lief

nemocnice
dat Krankenhuus

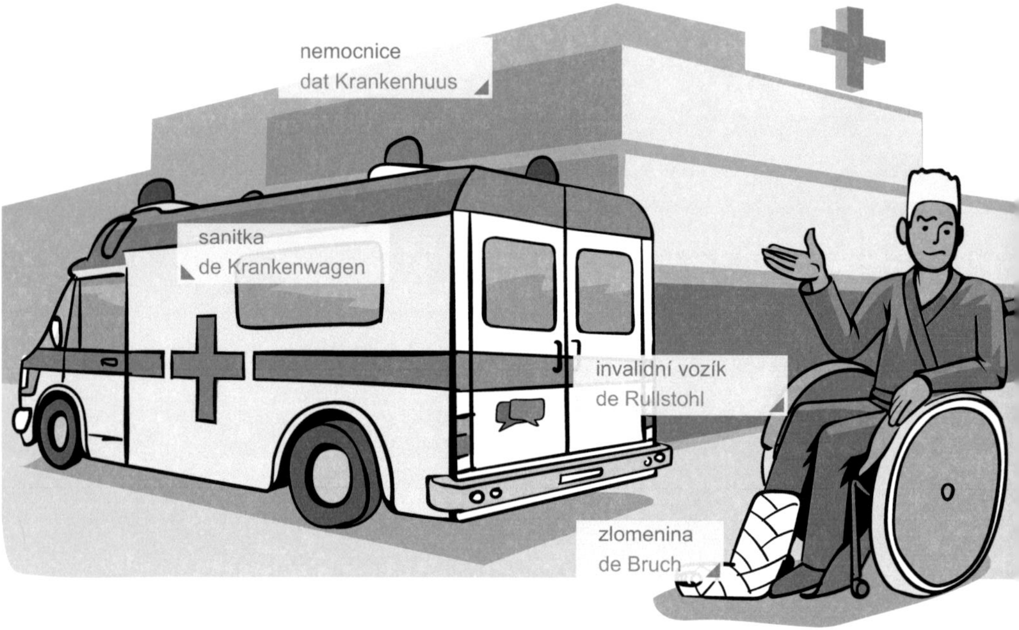

nemocnice
dat Krankenhuus
sanitka
de Krankenwagen
invalidní vozík
de Rullstohl
zlomenina
de Bruch

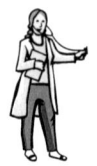

lékař

de Dokter

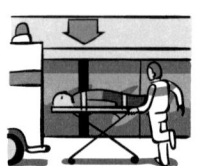

pohotovost

de Nootopnahm

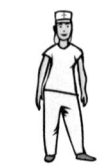

zdravotní sestra

de Krankensüster

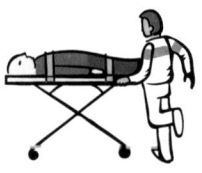

urgentní případ

de Nootfall

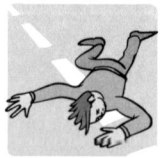

v bezvědomí

ahnmächtig

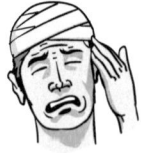

bolest

de Wehdaag

úraz

de Verwunnen

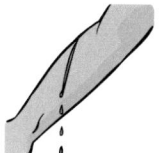

krvácení

de Blöden

infarkt myokardu

de Hartinfarkt

cévní mozková příhoda

de Slaganfall

alergie

de Allergie

kašel

de Hoosten

horečka

dat Fever

chřipka

de Gripp

průjem

de Dörchfall

bolest hlavy

de Koppwehdaag

rakovina

de Kreeft

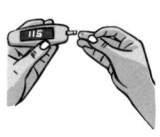

cukrovka

de Zuckersüük

chirurg

de Chirurg

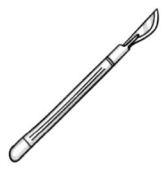

skalpel

dat Chirurgsch Mess

operace

de Operatschoon

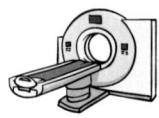

CT

dat CT

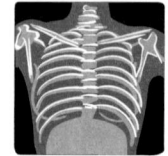

rentgen

de Dörchlüchten

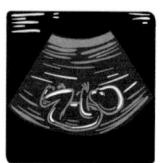

ultrazvuk

de Ultraschall

maska

de Mask

nemoc

de Krankheit

čekárna

de Töövruum

berle

de Krück

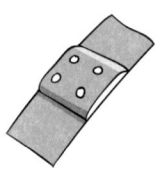

náplast

dat Plaaster

obvaz

de Verband

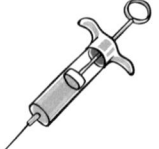

injekce

de Insprütten

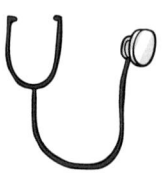

stetoskop

dat Stethoskop

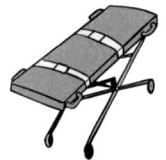

nosítka

de Draag

teploměr

dat Feverthermometer

porod

de Geboort

nadváha

dat Övergewicht

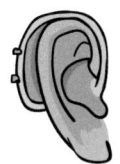

naslouchátko

de Höörapparat

dezinfekční prostředek

dat Kiemfriemiddel

infekce

de Ansteken

virus

de Virus

HIV / AIDS

dat HIV / AIDS

lékařství

dat Heelmiddel

očkování

de Impen

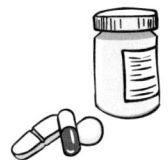

tablety

de Tabletten

pilulka

de Pill

tísňové volání

de Nootroop

tonometr

de Blootdruck-Meter

nemocný / zdravý

krank / gesund

Pomoc!

Hölp!

poplach

de Alarm

přepadení

de Överfall

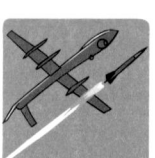

napadení

de Angreep

nebezpečí

de Gefohr

nouzový východ

de Nootutgang

Hoří!

dat Füer!

hasicí přístroj

de Füerlöscher

nehoda

de Unfall

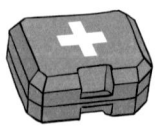

zdravotnická brašna

de Noothölpkoffer

SOS

SOS

policie

de Polizei

Evropa

Europa

Severní Amerika

Noordamerika

Jižní Amerika

Süüdamerika

Afrika

Afrika

Asie

Asien

Austrálie

Australien

Atlantik

de Atlantik

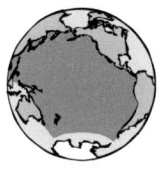

Pacifik

de Pazifik

Indický oceán

dat Indisch Weltmeer

Jižní ledový oceán

dat Antarktisch Weltmeer

Severní ledový oceán

dat Arktisch Weltmeer

severní pól

de Noordpol

jižní pól
de Süüdpol

Antarktida
de Antarktis

země
de Eerd

pevnina
dat Land

moře
de See

ostrov
dat Eiland

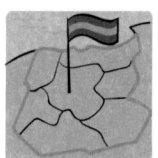

národ
de Natschoon

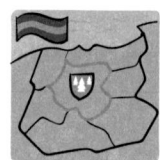

stát
de Staat

ciferník

dat Tallenblatt

hodinová ručička

de Stunnenwieser

minutová ručička

de Minutenwieser

vteřinová ručička

de Sekunnenwieser

Kolik je hodin?

Wo laat is dat?

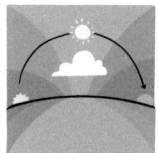

den

de Dag

čas

de Tiet

teď

nu

digitální hodinky

de digetaalsch Klock

minuta

de Minuut

hodina

de Stunn

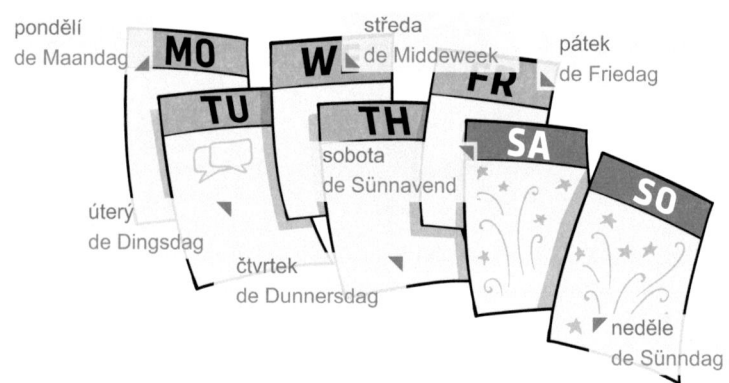

pondělí
de Maandag

úterý
de Dingsdag

středa
de Middeweek

čtvrtek
de Dunnersdag

pátek
de Friedag

sobota
de Sünnavend

neděle
de Sünndag

včera

güstern

dnes

hüüt

zítra

morgen

ráno

de Morgen

poledne

de Meddag

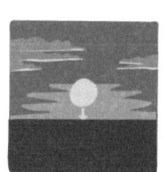

večer

de Avend

pracovní dny

de Arbeitsdaag

víkend

dat Wekenenn

déšť
de Regen

duha
de Regenbagen

sníh
de Snee

vítr
de Wind

jaro
dat Fröhjohr

léto
de Sommer

podzim
de Harvst

zima
de Winter

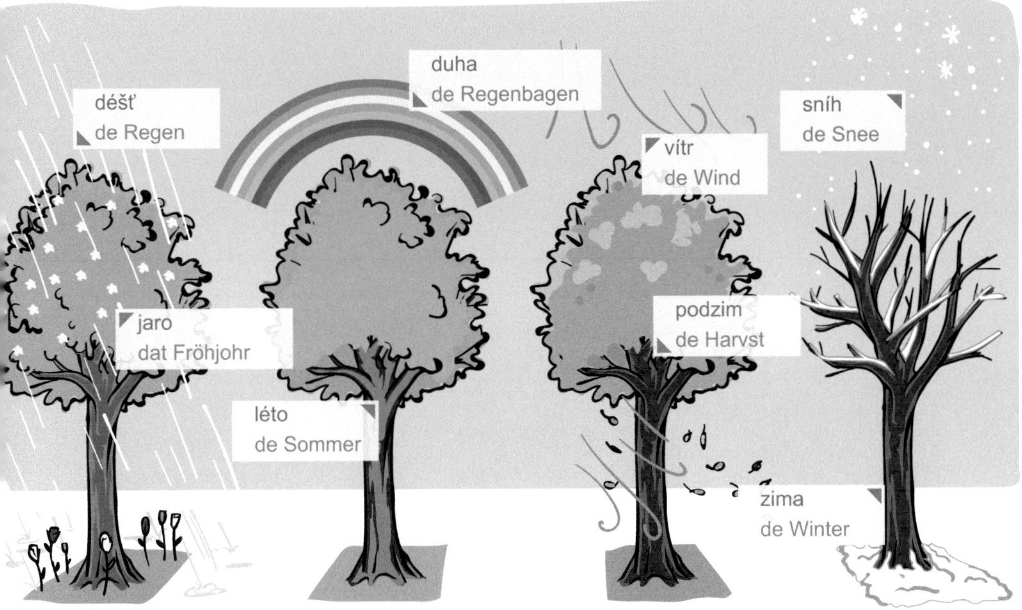

předpověď počasí
de Wedervörhersaag

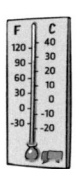

teploměr
dat Thermometer

sluneční svit
de Sünnenschien

mrak
de Wulk

mlha
de Nevel

vlhkost
de Luftfuchtigkeit

blesk

de Blitz

hrom

de Dunner

bouřka

de Storm

kroupy

de Hagel

monzun

de Monsun

povodeň

de Floot

led

dat Ies

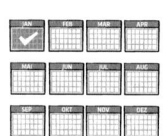

leden

de Januormaand

únor

de Februormaand

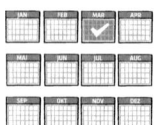

březen

de Martmaand

duben

de Aprilmaand

květen

de Maimaand

červen

de Junimaand

červenec

de Julimaand

srpen

de Augustmaand

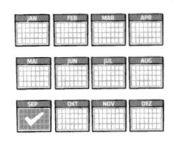

září
....
de Septembermaand

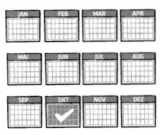

říjen
....
de Oktobermaand

listopad
....
de Novembermaand

prosinec
....
de Dezembermaand

tvary
de Formen

kruh
....
de Krink

čtverec
....
dat Quadrat

obdélník
....
dat Rechteck

trojúhelník
....
dat Dreeeck

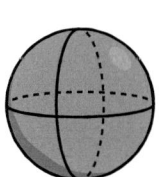

koule
....
de Kugel

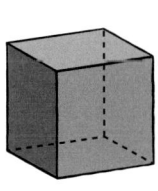

krychle
....
de Wörpel

bílá

witt

žlutá

geel

oranžová

orangsch

růžová

pink

červená

root

fialová

lila

modrá

blau

zelená

gröön

hnědá

bruun

šedá

gries

černá

swart

hodně / málo

veel / wenig

rozzuřený / mírumilovný

böös / verdreeglich

krásný / ošklivý

smuck / mies

začátek / konec

de Begünn / dat Enn

velký / malý

groot / lütt

světlý / tmavý

hell / düüster

bratr / sestra

de Broder / de Süster

čistý / špinavý

schier / schietig

úplný / neúplný

kumpleet / nich kumpleet

den / noc

de Dag / de Nacht

mrtvý / živý

doot / lebennig

široký / úzký

breet / small

jedlý / nejedlý

geneetbor / nich geneetbor

zlý / hodný

böös / fründlich

vzrušený / znuděný

fickerig / langwielt

tlustý / hubený

dick / dünn

nejdříve / naposledy

toeerst / toletzt

přítel / nepřítel

de Fründ / de Fiend

plný / prázdný

vull / leddig

tvrdý / měkký

hart / week

těžký / lehký

swoor / licht

hlad / žízeň

de Smacht / de Döst

nemocný / zdravý

krank / gesund

ilegální / legální

nich na't Recht / na't Recht

inteligentní / hloupý

klook / dummerhaftig

vlevo / vpravo

linkerhand / rechterhand

blízko / daleko

neeg / feern

protiklady - de Gegendelen

nový / použitý

nieg / bruukt

nic / něco

nix / wat

starý / mladý

oolt / jung

zapnutý / vypnutý

an / ut

otevřeno / zavřeno

apen / slaten

tichý / hlasitý

lies / luut

bohatý / chudý

riek / arm

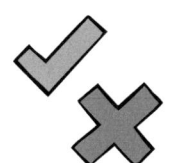

správný / špatný

richtig / verkehrt

drsný / hladký

ruug / glatt

smutný / šťastný

trurig / glücklich

krátký / dlouhý

kort / lang

pomalý / rychlý

suutje / flink

vlhký / suchý

natt / drög

teplý / chladný

warm / köhl

válka / mír

de Krieg / de Freden

0

nula
....
null

1

jedna
....
een

2

dva
....
twee

3

tři
....
dree

4

čtyři
....
veer

5

pět
....
fief

6

šest
....
söss

7

sedm
....
söven

8

osm
....
acht

9

devět
....
negen

10

deset
....
teihn

11

jedenáct
....
ölven

12

dvanáct

twölf

13

třináct

dörteihn

14

čtrnáct

veerteihn

15

patnáct

föffteihn

16

šestnáct

sössteihn

17

sedmnáct

söventeihn

18

osmnáct

achtteihn

19

devatenáct

negenteihn

20

dvacet

twintig

100

sto

hunnert

1.000

tisíc

dusend

1.000.000

milion

million

angličtina

dat Engelsch

americká angličtina

dat Amerikaansch Engelsch

standardní čínština

dat Chineesch Mandarin

hindština

dat Hindi

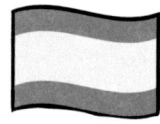

španělština

dat Spaansch

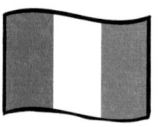

francouzština

dat Franzöösch

arabština

dat Araabsch

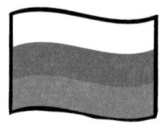

ruština

dat Rusch

portugalština

dat Portugiesch

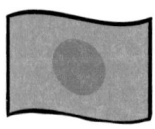

bengálština

dat Bengaalsch

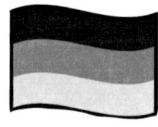

němčina

dat Düütsch

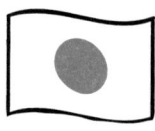

japonština

dat Japaansch

já

ik

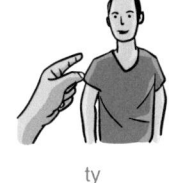

ty

du

on / ona / ono

he / se / dat

my

wi

vy

ji

oni

se

Kdo?

keen?

Co?

wat?

Jak?

woans?

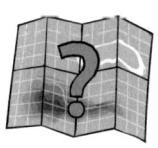

Kde?

woneem?

Kdy?

wannehr?

jméno

de Naam

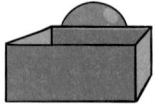

za
achter

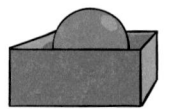

do
in

z
vör

nad
över

na
op

mezi
ünner

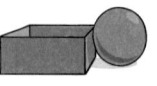

vedle
blangen

mezi
twüschen

místo
de Oort